Persönlichkeitspsychologie. Narzisstische Persönlichkeitsstörung, Zusammenhänge zwischen Persönlichkeit und Gesundheit und das HEXACO-Modell

Zeynep Demirel

Bibliografische Information der Deutschen Nationalbibliothek:

Die Deutsche Nationalbibliothek verzeichnet diese Publikation in der Deutschen Nationalbibliografie; detaillierte bibliografische Daten sind im Internet über http://dnb.d-nb.de abrufbar.

ISBN: 9783346520487
Dieses Buch ist auch als E-Book erhältlich.

Druck und Bindung: Books on Demand GmbH, Norderstedt Germany
Gedruckt auf säurefreiem Papier aus verantwortungsvollen Quellen

Das vorliegende Werk wurde sorgfältig erarbeitet. Dennoch übernehmen Autoren und Verlag für die Richtigkeit von Angaben, Hinweisen, Links und Ratschlägen sowie eventuelle Druckfehler keine Haftung.

Das Buch bei GRIN: https://www.grin.com/document/1142010

Inhaltsverzeichnis

Abkürzungsverzeichnis

Abb.	Abbildung
APA	Amerikanische Psychiatrische Vereinigung
bzw.	beziehungsweise
d.h.	das heißt
et al.	und andere
etc.	et cetera
DSM	Diagnostisches und Statisches Handbuch psychischer Störungen
DSM-IV-TR	Diagnostisches und Statisches Manual psychischer Störungen, Vierte Ausgabe, Textrevision
ICD	Internationale Klassifikation von Krankheiten (International Classification of Diseases and Related Health Problems)
o.g.	oben genannt
PNI	Pathologisches Narzissmus-Inventar
NPS	Narzisstische Persönlichkeitsstörung
NPI	Narzisstisches Persönlichkeitsinventar
WHO	Weltgesundheitsorganisation (World Health Organization)
z.B.	zum Beispiel

Abbildungsverzeichnis

Tabellenverzeichnis

Aufgabe C1

1.1 Gütekriterien für Persönlichkeitstests

Persönlichkeitstests verfolgen das Ziel, das Verhalten und Erleben in Abhängigkeit und Ausprägung von Persönlichkeitsmerkmalen einer Testperson zu erfassen (Moosbrugger & Kelava, 2020, S. 47). Der Test umfasst das charakteristische Verhalten, wobei es keine optimale Ausprägung der interessierenden Persönlichkeitsmerkmale gibt. Die Antworten werden danach bewertet, ob sie für eine hohe oder für eine niedrige Ausprägung des interessierenden Merkmals symptomatisch sind. Die Durchführung eines solchen Tests erfolgt im Rahmen der quantitativen Forschung, welche das Ziel hat, theoretisch hergeleitete Ursache-Wirkungszusammenhänge zu überprüfen (Goldenstein, Humdoldt & Walgenbach, 2018, S. 107). Persönlichkeitstests finden Einsatz in verschiedenen Bereichen, wie z.B. bei der Auswahl und Entwicklung des Personals (Hossiep & Mühlhaus, 2005, S. 7).

Damit ein solches Messverfahren wissenschaftlich fundiert gilt, müssen gewisse Anforderungen berücksichtigt werden. Die klassischen Gütekriterien von Testverfahren sind Objektivität, Reliabilität und Validität (Moosbrugger & Kelava, 2020, S. 17).

Objektivität

„Ein Test ist dann objektiv, wenn er dasjenige Merkmal, das er misst, unabhängig von Testleiter und Testauswerter misst. Außerdem müssen klare und anwenderunabhängige Regeln für die Ergebnisinterpretation vorliegen." (Moosbrugger & Kelava, 2012, S.8).

Völlige *Objektivität* wäre gegeben, wenn verschiedene Experten in diesem Hinblick zu gleichen Ergebnissen und Interpretationen gelangen (Moosbrugger & Kelava, 2012, S. 8). Dementsprechend müssen die Ergebnisse des Verfahrens unabhängig von der Person sein, die den Test, die Auswertung und Interpretation durchführt (Schmid-Atzert & Amelang, 2012, S.133).

Persönlichkeitstests schränken den Raum für individuelle Abweichungen ein, wodurch das Kriterium der Objektivität einfach zu erfüllen ist. Das Gütekriterium gliedert sich in weitere Elemente: *Durchführungs-, Auswertungs-* und *Interpretationsobjektivität* (Döring & Bortz, 2016, S. 442). Die *Durchführungsobjektivität* fordert, dass die Testergebnisse unabhängig vom Versuchsleiter und den räumlichen Bedingungen resultieren. Hierbei wird eine maximale Standardisierung der Testsituation und eine minimale soziale Interaktion zwischen Versuchsleiter und Testteilnehmer angestrebt. Das Element *Auswertungsobjektivität* beansprucht, dass gewonnene Daten aus einem Testverfahren gleichermaßen ausgewertet werden (Assen, 2016, S. 135). Die *Interpretationsobjektivität* fordert, dass individuelle Deutungen nicht in die Interpretation eines Testergebnisses miteinfließen dürfen (Assen, 2016, S. 136). Auswertungen sind demnach standardisiert interpretierbar, sodass verschiedene Auswerter zur gleichen Interpretation kommen (Rauthmann, 2017, S. 19).

Reliabilität

Die *Reliabilität* gibt die inhaltliche Messgenauigkeit und Zuverlässigkeit einer Messmethode an. Völlige Reliabilität ist gegeben, wenn es bei einer Wiederholung der Messung unter denselben Bedingungen und an denselben Gegenständen zu demselben Ergebnis kommt (Assen, 2016, S.136).
Das Ausmaß der *Reliabilität* eines Tests wird über den Reliabilitätskoeffizienten erfasst, welcher einen Wert zwischen Null und Eins annehmen kann. Ein Reliabilitätskoeffizient von Eins stellt das Freisein von Messfehlern dar. Ein Reliabilitätskoeffizient von Null zeigt an, dass dem Test ein Fehler unterliegt. Demnach sollte der Reliabilitätskoeffizient eines guten Tests 0.7 nicht unterschreiten (Moosbrugger & Kelava, 2012, S.11). Von einem reliablen Persönlichkeitstest kann gesprochen werden, wenn sich die Testergebnisse unter den gleichen Umständen reproduzieren lassen (Kraus & Kreitenweis, 2020, S. 88).

Um das Ausmaß der *Reliabilität* zu bestimmen, wurden mehrere Verfahren entwickelt. Hierbei unterscheidet man vier Vorgehensweisen (Assen, 2019, S. 34):

1. Retest-Reliabilität
2. Paralleltest-Reliabilität
3. Testhalbierungs-Reliabilität
4. Innere Konsistenz

Bei der *Retest*-Methode wird ein und derselbe Test zu zwei verschiedenen Zeitpunkten ausgeführt. Der *Paralleltest* stellt zwei verschiedene Testformen dar, die aus inhaltlich möglichst ähnlichen Items bestehen. Parallel sind zwei Testformen, wenn sie trotz nicht identischer Item-Stichprobe zu gleichen wahren Werten und Varianzen der Testwerte führen. Bei der *Testhalbierungsmethode* wird der Test in zwei Hälften geteilt, sodass jede Hälfte ein Paralleltest zur anderen Hälfte darstellt. Die *innere Konsistenz* eines Tests stellt die Verallgemeinerung der Testhalbierungsmethode (Pospeschill, 2010, S.167; Schmidt-Atzert et al., 2012, S. 49).

Validität

Die *Validität*, welche das wichtigste Testgütekriterium ist, gibt den Grad der Genauigkeit an. Das Gütekriterium befasst sich mit der inhaltlichen Übereinstimmung zwischen dem vom Test gemessenen Merkmal und dem Merkmal, das man messen will. Sollte ein Persönlichkeitstest ein hohes Maß an Objektivität und Reliabilität aufweisen, aber das Gütekriterium Validität nicht erfüllt sein, hat der Persönlichkeitstest keine weitere Verwendung und ist somit unbrauchbar (Assen, 2019, S. 34). Sollte eine hohe Validität vorliegen, so erlauben die Ergebnisse eines Tests die Generalisierung des in der Testsituation beobachteten Verhaltens auf das zu messende Verhalten außerhalb der Testsituation. Die Validität lässt sich in drei Anwendungskategorien unterteilen: *Inhaltsvalidität, Kriteriumsvalidität* und *Konstruktvalidität*.

Inhaltsvalidität zeigt auf, inwieweit ein Test das zu messende Merkmal repräsentativ misst. Die *Augenscheinvalidität* gibt an, inwiefern der Validitätsanspruch eines Tests, vom bloßen Augenschein her einem Laien gerechtfertigt erscheint. *Kriteriumsvalidität* ist gegeben, wenn vom Verhalten der Testperson innerhalb der Testsituation, auf ein Verhalten außerhalb der Testsituation geschlossen werden kann. Es wird dabei je nach Zeitpunkt der Erfassung des Außenkriteriums zwischen unterschiedlichen Arten der Kriteriumsvalidität unterschieden. Die Unterteilung findet in der Überstimmungsvalidität (konkurrenter Validität) und Vorhersagevalidität (prognostischer Validität) statt. *Konstruktvalidität* gliedert sich in die *konvergente* und *divergente Validität* (Assen, 2019, S. 35). Bei der konvergenten Konstruktvalidität wird ein Vergleich zwischen dem vorliegenden Persönlichkeitstest und einer vergleichbaren Methode, welche das gleiche Konstrukt untersucht, gezogen. Die divergente Validität verfolgt das Gegenteil: hohe Validität wird erreicht, wenn eine Differenzierung von Konstrukten aus dem Geltungsbereich nachgewiesen werden kann (Urhahne, Dresel & Fsicher, 2019, S. 429).

1.2   Narzisstische Persönlichkeitsstörung

Persönlichkeitsstörungen sind von der Norm stark abweichende Persönlichkeitstypen im Erwachsenenalter. Diese lassen sich als Extremvarianten der normalen Persönlichkeitsvariation auffassen (APA, 2018, S. 885). Persönlichkeitsstörungen sind oft Begleiterscheinungen anderer Störungen und stehen damit nicht im Zentrum der Behandlung, da sie nur schwer therapeutisch beeinflussbar sind (Asendorpf, 2019, S. 75). Damit man von einer Persönlichkeitsstörung sprechen kann, muss das abweichende Muster andauernd, unflexibel und über ein breites Spektrum an Situationen konstant sein. Das abweichende Muster führt zu Leistungsdruck, welcher das Leben der betroffenen Personen in sozialer, persönlicher oder beruflicher Hinsicht beeinflusst oder beeinträchtigt. Außerdem muss es sich über ein zeitlich überdauerndes Muster handeln, das bereits über einen langen Zeitraum vorliegt. Zudem muss sich der Beginn des Musters im frühen Erwachsenen- oder

Jugendalter nachweisen lassen. Das abweichende Muster kann nicht als Bestandteil einer anderen psychischen Störung erklärt werden und darf nicht durch die Einnahme einer psychoaktiv wirkenden Substanz oder als Ergebnis eines medizinisch relevanten Zustandes entstehen (Maltby, Day & Macaskill, 2011, S. 815). Die Ursache einer solchen Störung liegt in der Wechselwirkung psychosozialer und biologischer Faktoren (Cal, 2012, S. 166-167). Diese Persönlichkeitsstörungen sind im DSM-IV und im ICD-10 klassifiziert (Asendorpf & Neyer, 2018, S. 117).

Unter einer narzisstischen Persönlichkeitsstörung (NPS) wird eine pathologische Ausprägung des Narzissmus verstanden (Kröber, 2008, S. 271). Der Ursprung einer NPS liege in einer übermäßig starken Zuwendung zur eigenen Person und resultiere in einem grandiosen Selbstbild einzigartiger Kompetenzen und Qualitäten (Asendorpf & Neyer, 2018, S. 227-228). Dieses Selbstbild führt zu mangelnder Empathie, einer Überempfindlichkeit gegenüber Kritik bis hin zu aggressiven Ausbrüchen und zu starken Stimmungsschwankungen (Caspar, Pjanic & Westermann, 2018, S. 135). Betroffene sind in Beziehungen oftmals ausbeuterisch und nehmen ein skrupelloses Verhalten im Hinblick der Verfolgung ihrer Ziele ein (Kröber, 2008, S. 271). Auch ein starkes Bedürfnis nach Bewunderung wird angestrebt und ist somit symptomatisch für Betroffene einer NPS (Fiedler, 2001, S. 289).

1.3   Diagnosekriterien einer narzisstischen Persönlichkeitsstörung

Durch einen behandelnden Psychiater oder Psychologen können Persönlichkeitsstörungen diagnostiziert werden. Wichtig hierbei ist, dass Messinstrumente angewandt werden, die die o.g. Gütekriterien erfüllen.
Die bekanntesten Klassifikationssystemen von körperlichen und psychischen Erkrankungen sind die internationale Klassifikation von Krankheiten (ICD)[1] und das Diagnostische und Statische Manual Psychischer Störungen (DSM)[2] (Maltby et al., 2011, S. 813-817).

---

[1] ICD, International Classification of Diseases
[2] DSM, Diagnostic and Statistical Manual of Mental Disorders

Die ICD, welche durch die Weltgesundheitsorganisation (WHO) publiziert wird, findet vermehrt in der Praxis statt, da in Deutschland eine Abrechnung mit der Krankenkasse möglich ist. Das DSM wird von der Amerikanischen Psychiatrischen Vereinigung (APA) veröffentlicht und findet Verwendung in der Wissenschaft (Becker, 2014, S. 50). Beide Klassifikationssysteme verwenden spezielle Kodierungen, um eine Kategorisierung zu ermöglichen (Rief & Stenzel, 2012, S. 12-13). Die ICD unterstützt bei der systematischen Vorgehensweise einer Diagnosestellung. Eine Persönlichkeitsstörung liegt demnach vor, wenn mindestens drei von sechs Kriterien erfüllt sind. Im Gegensatz zu der ICD-10 ist die DSM-IV-TR Klassifikation optimiert auf psychische Störungen und erlaubt eine wesentlich differenziertere Klassifikation und Beschreibung für Forschungs- und Praxisbelange (Hoyer & Wittchen, 2011, S. 42-44).

Die NPS wird im multiaxialen Diagnosesystem des DSM auf der zweiten Achse eingeordnet: *Persönlichkeitsstörungen und geistige Behinderung* (Hoyer & Wittchen, 2011, S. 1103). Diese Achse umfasst zehn verschiedene Persönlichkeitsstörungen, die in jeweils drei Cluster (A, B, C) gruppiert sind. In Anlehnung an Fiedler (2009) und DSM-IV (APA 2013) wird die NPS dem Cluster B (dramatisch, emotional) zugeordnet. Im ICD-10 wird die NPS nur als sonstige spezifische Persönlichkeitsstörung kategorisiert und weist den Code F60.81 auf (Rauthmann, 2017, S. 313).

Zur Diagnose einer NPS müssen mindestens fünf der folgenden Kriterien nach DSM-IV-TR erfüllt sein:

Kriterien der narzisstischen Persönlichkeitsstörung gemäß DSM-IV-TR
1. Grandioses Gefühl der eigenen Wichtigkeit
2. Stark eingenommen von Phantasien grenzenlosen Erfolges, Macht, Glanz, Schönheit oder idealer Liebe
3. Der Glaube, speziell und einzigartig zu sein und sich nur mit den Menschen auf höchstem Niveau zu verbinden
4. Verlangen nach übermäßiger Bewunderung
5. Legt ein Anspruchsdenken an den Tag, d.h. übertriebene Erwartungen an eine besonders bevorzugte Behandlung oder automatisches Eingehen auf die eigenen Erwartungen
6. Ausbeuterisches Verhalten in zwischenmenschlichen Beziehungen
7. Mangel an Empathie
8. Häufiger Neid und der Glaube andere seien neidisch auf die eigene Person
9. Arrogante Züge, überhebliche Verhaltensweisen oder Handlungen

Tabelle 1: Kriterien der narzisstischen Persönlichkeitsstörung nach DSM-IV-TR

Quelle: Eigene Darstellung, in Anlehnung an Vater, Roepke, Ritter, Lammers, 2013, S. 601

Für die Diagnose einer NPS eignen sich *diagnostische Interviews* und *Fragebögen. Diagnostische Interviews* sind strukturierte und standardisierte Interviews. Ein *Fragebogen* zur Diagnose einer NPS ist das narzisstische Persönlichkeitsinventar (NPI). Der Fragebogen setzt sich aus 40 Items zusammen, die über narzisstische und nicht-narzisstische Antwort-Möglichkeiten verfügen.

In Zukunft wird jedoch das Pathologische Narzissmus-Inventar (PNI) in der Diagnostik angewandt, da es im Gegensatz zum NPI die Fähigkeit besitzt, verschiedene Facetten des Narzissmus zu erfassen (Vater, Roepke, Ritter & Lammers, 2013, S. 604).

Aufgabe C2

2.1 Zusammenhänge von Persönlichkeit und Gesundheit

Persönlichkeit umfasst die Gesamtheit aller Persönlichkeitseigenschaften eines Menschen. Diese beinhalten die individuellen Besonderheiten in der körperlichen Erscheinung und in Regelmäßigkeiten des Verhaltens und Erlebens (Asendorpf & Neyer, 2018, S. 2). Jeder Mensch ist durch ein für ihn charakteristisches Geflecht von Gefühlen, Bedürfnissen, kognitiven Systemen (z.B. analytisches Denken und ganzheitliches Fühlen) und den weiteren Komponenten der Selbststeuerungen beschreibbar. Somit unterscheiden sich Personen darin, wie dominant oder differenziert bestimmte psychische Funktionen bei ihnen ausgeprägt sind (Kuhl, 1995).

Gesundheit wird von der WHO als den Zustand eines vollständigen körperlichen, geistigen und sozialen Wohlbefindens und nicht nur des Freiseins von Krankheit und Gebrechen definiert (WHO, 2020, S. 7). Diese Definition löste heftige Debatten aus, insbesondere durch die Charakterisierung von Gesundheit als Zustand der Vollkommenheit. Gesundheit kann demnach als Zustand beschrieben werden, muss aber als dynamischer Prozess gesehen werden, da dieser in zeitlich kurzen und längeren Verläufen variiert (Faltermaier, 2005, S. 35). Die Vermutung, dass Persönlichkeitsmerkmale einen Einfluss auf die Gesundheit haben, liegt nicht fern, da Persönlichkeit als ein relativ stabiles und transsituativ konsistentes Erlebens- und Verhaltensmuster definiert ist, dessen Beständigkeit Auswirkungen auf die Gesundheit erwarten lässt (Weber & Vollmann, 2011, S. 524-525).

Für die Erklärung dieses Zusammenhangs wurden vier verschiedene Modelle entwickelt, welche im Folgenden näher beschrieben werden (Becker, 2014, S. 25). Im ersten Modell wird angenommen, dass die Persönlichkeit eine *kausale Wirkung* auf die Gesundheit und Krankheit hat. Die Persönlichkeit leistet demnach einen entscheidenden Beitrag zu bestimmten organischen Vorgängen im Körper, die das Auftreten von Erkrankungen begünstigen. Das zweite Modell stellt vielmehr eine *korrelative Beziehung* zwischen Persönlichkeit und Gesundheit dar. Diesem Ansatz zu folge, trägt die biologische Veranlagung zur Entwicklung bestimmter Persönlichkeitsmerkmale und zur Entstehung gewisser Krankheiten bei. Das dritte Modell ergänzt den Gesundheitszustand und die Persönlichkeit um das Verhalten als *intervenierende Variable* (IV). Somit weisen Menschen durch persönliche Eigenschaften bestimmte Verhaltensweisen auf. Da Verhaltensweisen wie beispielsweise eine ungesunde Ernährung, Drogenkonsum oder Sport Einfluss auf die Gesundheit haben (Vollmann & Weber, 2011, S. 395). Das vierte Modell geht von der Annahme aus, dass eine *vorausgegangene Erkrankung* für die Persönlichkeitsveränderung verantwortlich sein kann. In diesem Fall ist es möglich, dass eine schwere Erkrankung das soziale Leben dermaßen beeinträchtigt, dass die Persönlichkeit des Menschen dadurch einen Wandel durchlebt und z.B. eine isolierte Lebenseinstellung annimmt (Becker, 2014, S. 26). Die unterschiedlichen Wirkmechanismen schließen sich nicht gegenseitig aus. Im Gegenteil, es kann davon ausgegangen werden, dass je nach Person, Merkmal, Verhalten und Situation alle nachfolgend beschriebenen Mechanismen wirksam werden und sich zu einem Komplex verbinden (Vollmann & Weber, 2011, S. 396).

2.2 Zusammenhänge von Persönlichkeitsmerkmalen und Krankheiten

In der Psychosomatik werden Korrelationen zwischen Persönlichkeitsmerkmalen und Krankheiten auf der Grundlage von Persönlichkeitstheorien beschrieben. Die empirische Gesundheitsforschung verfolgt das Ziel eine Kausalität zwischen bestimmten Persönlichkeitsmerkmalen und Krankheiten herzustellen (Becker, 2014, S. 45). Gesundheitsrelevante Persönlichkeitsmerkmale können sowohl förderliche als auch schädliche Auswirkungen auf die Gesundheit eines

Menschen haben. Persönlichkeitsmerkmale werden inhaltlich in zwei Hauptbereiche aufgeteilt: die *kognitiven Merkmale* und die *affektiven Merkmale* (Weber, 2005, S. 527). *Kognitive Merkmale* umfassen die Eigenschaften *Stressbewältigung, Optimismus, Kontrollüberzeugung, Selbstwirksamkeit und Kohärenzsinn.* Die Persönlichkeitseigenschaft *Stressbewältigung* meint die individuelle Stressreaktion und Stressbewältigungsstrategien, welche auch als „Coping" bezeichnet werden. Strategien der Stressbewältigung werden eingesetzt, um gesundheitliche Belastungen abzuwenden und das Wohlbefinden der Betroffenen wiederherzustellen (Faltermaier, 2005, S. 101). Die Persönlichkeitsdimension *Optimismus* gilt als gesundheitsrelevante Eigenschaft, da sie mit einem erhöhten Wohlbefinden und effizienteren Umgang mit Stress einhergeht. Als Optimismus wird eine grundsätzlich positive Erwartung im Hinblick auf zukünftig generalisierte Ergebnisse bezeichnet (Becker, 2014, S. 34-36). *Kontrollüberzeugung* meint die Überzeugung einer Person, das Schicksal durch das eigene Handeln kontrollieren und beeinflussen können. Dieses Verhalten wird auch als internale Kontrollüberzeugung bezeichnet. Von einer externalen Kontrollüberzeugung spricht man, wenn die Ereignisse durch Glück, Zufall oder andere Personen eintreffen (Aronson, Wilson & Akert, 2008, S. 496). Das Konzept der *Selbstwirksamkeit* lässt sich auf die sozial-kognitive Lerntheorie Banduras zurückführen. In diesem Konzept wird die subjektive Überzeugung einer Person, inwieweit sie ein angestrebtes Verhalten auch bei Schwierigkeiten und Hindernissen ausführen kann, beschrieben. Es ist daher für die psychische, als auch für die physische Gesundheit relevant. Der *Kohärenzsinn* definiert sich als individuelle Widerstandsfähigkeit, welche sich in der inneren Stabilität gegenüber Belastungen und Krisen einer Person widerspiegelt (Weber, 2005, S. 528).

Zu den *affektiven Merkmalen*, welche die Regulation und das Erleben von Emotionen erklären, zählen die Persönlichkeitsmerkmale Neurozentrismus, Emotionsregulation und Perfektionismus (Weber, 2005, S. 527).
Neurotizismus ist das prototypische Persönlichkeitsmerkmal. Eine generelle Neigung zu negativen Emotionen, erhöhte Nervosität, Erregbarkeit, Unsicherheit und ein negatives Selbstbild, machen dieses Persönlichkeitsmerkmal aus (Vollmann & Weber, 2011, S. 440). Bei Personen mit einer höheren Ausprägung

des Neurozentrismus, ist die Wahrscheinlichkeit eines gesundheitsgefährdenden Verhaltens höher (Faltermaier, 2005, S. 117). Nach Gross (2002) umfasst die *Emotionsregulation* diejenigen Prozesse, die uns ermöglichen, Einfluss darauf auszuüben, welche Emotionen wir haben und wann wir diese erleben und zum Ausdruck bringen. Im Gegensatz zum „Coping", welches ein übergeordnetes Konzept darstellt, geht die Emotionsregulation über die Reduktion negativer Emotionen hinaus und schließt auch die Beeinflussung positiver Emotionen ein (Brandstätter, Schüler, Puca & Lozo, 2018, S. 222). *Perfektionismus* ist verbunden mit einem erhöhten Stressempfinden, welcher in Zusammenhang mit Burnout festgestellt wurde (Becker, 2014, S. 44).

2.3   Konzept der Selbstwirksamkeit

Das Ziel Betrieblicher Gesundheitsförderung ist die gesunde und gesundheitsfördernde Gestaltung der Arbeit, und zwar auf der Grundlage u.a. technischer, organisatorischer, aber auch psychosozialer und partizipativer Maßnahmen und Konzepte (Faller, 2017, S. 26). Zahlreiche psychosoziale Belastungen – wie ein negatives Sozialklima, unzureichende Handlungsspielräume, fehlende Anerkennung etc. sind sehr valide als gesundheitsrelevante Einflussfaktoren nachgewiesen. Studien belegen, dass direkte Zusammenhänge zwischen Führungskompetenzen und Mitarbeitergesundheit vorliegen. Dementsprechend wird den Führungskräften eine entscheidende Rolle zugeschrieben (Zok, 2011, S. 27). Von technologisch getriebenen Routinetätigkeiten hin zu komplexen geistigen Tätigkeiten besteht die Gefahr, dass sich die Arbeitsanstrengung zunehmend verringern kann. Das Prinzip der Selbstwirksamkeit nach Bandura (1994) beschreibt die Zuversicht, Hindernisse zu überwinden und Ziele erreichen zu können. Zudem fördert Selbstwirksamkeit vorteilhafte biologische Prozesse, wie eine mildere Reaktion auf Stresssituationen. Personen mit einer hohen Selbstwirksamkeit sind demnach seltener von Burnout betroffen (Häfner, Pinneker & Hartmann-Pinneker, 2019, S. 80). Niedrige Selbstwirksamkeit gilt als Indikator für Depressionen, da Betroffene an ihren Fähigkeiten zweifeln (Bannik, 2012, S. 31-32). Demzufolge ist das Konzept Selbstwirksamkeit nicht nur für das

Gesundheitsverhalten relevant, sondern auch im beruflichen Kontext. Mitarbeiter, die eine hohe Selbstwirksamkeit aufweisen, zeichnen sich durch Zielstrebigkeit, Lösungskompetenz, Ausdauer und Durchhaltevermögen aus (Fida, Paciello, Tramontano, Barbaranelli & Farnese, 2015, S. 479-499). Hieraus lässt sich folgendes ableiten: die Stärkung der Selbstwirksamkeit in Unternehmen ist äußerst sinnvoll, da neben der Leistung auch die Gesundheit der Mitarbeiter gefördert wird und sich dementsprechend krankheitsbedingte Fehlzeiten reduzieren lassen. Im Folgenden werden die vier Quellen der Selbstwirksamkeit vorgestellt (Rammseyer & Weber, 2016, S. 102):

1. eigene Erfahrungen
2. die stellvertretende Erfahrung/ Lernen am Modell
3. die verbale Überzeugung
4. emotionale Erregung

Bandura zufolge ist die stärkste Quelle zum Aufbau von Selbstwirksamkeit die *eigene Erfahrung* (Schwarzer, Jerusalem & Weber, 2002, S. 523). Jegliche Art von positiven Erfahrungen hinsichtlich der Bewältigung herausfordernder Situationen, stärken das Vertrauen im Hinblick auf zukünftige Hindernisse und haben somit auch Einfluss auf die Selbstwirksamkeit (Struhs-Wehr, 2017, S. 80). Ein weiterer Aspekt für die Umsetzung der Selbstwirksamkeitsförderung ist der Führungsstil der Führungskräfte. Eine *transformationale Führung* hat einen nachweislich positiveren Einfluss auf die Selbstwirksamkeit der Mitarbeiter des Unternehmens (Barysch, 2016, S. 208). Dieser Führungsstil vertritt den Ansatz, dass die Führungskraft als Vorbild akzeptiert wird. Wenn die Führungskraft in Stresssituationen einen kühlen Kopf bewahren kann und der herausfordernden Situation mit Zuversicht und Lösungskompetenz entgegenwirkt, kann sich dieses erlebte Verhalten auf die Mitarbeiter übertragen – *Lernen am Modell*. Außerdem ermutigen Führungskräfte, die diesen Führungsstil einnehmen, ihre Mitarbeiter beim Bewältigen von Aufgaben. Sie nehmen sich Zeit ihren Mitarbeitern individuelle Hilfe zu leisten. Positives Feedback spielt hierbei auch eine entscheidende Rolle, da eine regelmäßige Rückmeldung eine Form der Wertschätzung und sozialer Unterstützung darstellt. Diese verbale Unterstützung ermutigt die Mitarbeiter in ihren Fähigkeiten und weist einen positiven

Entwicklungsverlauf im Hinblick auf die Selbstwirksamkeit auf. Die letzte und schwächste Informationsquelle zur Beeinflussung von Selbstwirksamkeit ist die *emotionale Erregung*. Hierbei wird angenommen, dass der Erregungszustand die Beurteilung der Bewältigungskompetenz mitbestimmen kann. Somit wird eine hohe Erregung z.b. Ängstlichkeit in der Schule, als Hinweis der eigenen unzureichenden Kompetenzen interpretiert. Bei einer niedrigen Erregung wird demnach eine erfolgreiche Problembewältigung erwartet. Um die Erregung zu reduzieren, sollten Fertigkeiten angeeignet werden, bei denen schwierige Situationen kognitiv gelöst werden können (Schwarzer et al., 2002, S. 45).

Aufgabe C3

3.1 HEXACO-Modell

Das HEXACO-Modell, welches auch als "Big Six" bezeichnet werden kann, umfasst neben den Faktoren des Big Five (Neurozentrismus, Extraversion, Offenheit, Verträglichkeit und Gewissenhaftigkeit) den sechsten Faktor "Ehrlichkeit-Bescheidenheit" (Honesty/Humility) (Rauthmann, 2017, S. 277–278). Der Begriff HEXACO ist ein Akronym, welches auf die Anzahl der Faktoren zurückzuführen ist (Röhner & Schütz, 2012, S. 64). Die folgende Abbildung zeigt die Struktur des Persönlichkeitsmerkmal mit den entsprechenden Faktoren.

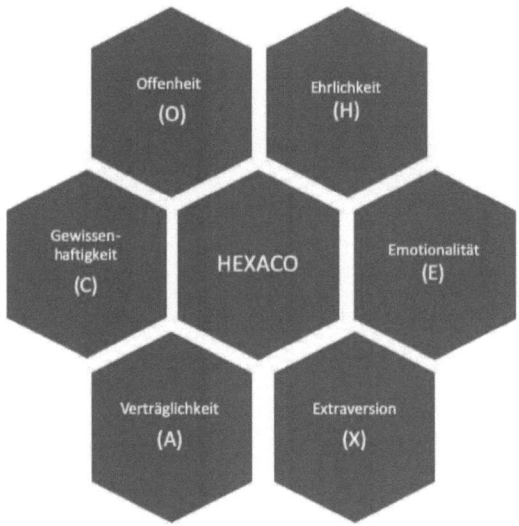

Abbildung 1: Das HEXACO-Modell
Quelle: Eigene Darstellung, in Anlehnung an Rauthmann, 2017, S. 277-278

Den Dimensionen werden jeweils vier Facetten untergeordnet, welche den Faktor näher beschreiben.

Ehrlichkeit-Bescheidenheit lässt sich in vier Facetten unterteilen: Aufrichtigkeit, Fairness, materielle Genügsamkeit und Bescheidenheit. Diese Dimension beschreibt im positiven Sinne Ehrlichkeit und Bescheidenheit (Ashton & Lee, 2007, S. 154). Bei niedriger Ausprägung hingegen wird die sog. *Dunkle Triade*[3] der Persönlichkeit herangezogen.

Der Faktor *Emotionalität* erfasst Neurozentrismus, Empathie und Sensibilität für die Gefühle anderer. Die Dimension wird durch die Facetten Ängstlichkeit, Unbehagen, Abhängigkeit und Sentimentalität ergänzt. Personen mit einer ausgeprägten Emotionalität sind ängstlich, psychisch wenig belastbar und emotional stark von anderen abhängig (Schaumlöffel et al., 2018, S. 73-74).

Der Faktor *Extraversion* wird durch die Facetten soziales Selbstvertrauen, soziale Kühnheit, Geselligkeit und Lebhaftigkeit dargestellt. Personen, die niedrige Werte aufweisen, sind eher schüchtern, passiv und introvertiert (Ashton & Lee, 2007, S. 154). Die Facetten des Faktors *Verträglichkeit* gliedern sich in Versöhnlichkeit, Nachsichtigkeit, Flexibilität und Geduld. Verträgliche Menschen sind grundsätzlich kooperativ und nachsichtig. Personen mit niedrigen Werten, neigen zu ärgerlichen, unkontrollierten Reaktionen und nachtragendem Verhalten.

Der Faktor *Gewissenhaftigkeit* teilt sich in die Facetten: Organisiertheit, Fleiß, Perfektionismus und Besonnenheit. Gewissenhafte Menschen sind gut organisiert und strukturiert. Sie sind äußerst zuverlässig und streben ein hohes Maß an Perfektion an. Niedrige Werte wiederspiegeln sich in einem geringen Bedürfnis nach Ordnung, einer deutlich höheren Fehlertoleranz und einem impulsiven Verhalten bei der Entscheidungsfällung.

Der Faktor *Offenheit* setzt sich aus den Facetten, Ästhetik, Wissbegierigkeit, Kreativität und die Unkonventionalität, zusammen. Offene Menschen sind neugierig, kreativ und vielfältig interessiert. Personen mit niedrigen Werten meiden Nonkonformes und Exzentrisches und weisen ein geringes Interesse an Kunst und Natur auf (Schaumlöffel et al., 2018, S. 75-76).

---

[3] Die *Dunkle Triade* der Persönlichkeit wird in drei Persönlichkeitsmerkmale (subklinischer) unterteilt: Narzissmus, Machiavellismus und (subklinische) Psychopathie.

3.2 Bedeutung des HEXACO-Modells in der Personalauswahl

Der Begriff „Personalauswahl" bezeichnet die Zuweisung von sich bewerbenden Personen zu Stellen in der Organisation durch Rekrutierung und den Einsatz von Auswahltechniken, die auf einer Anforderungsanlayse beruhen und der Identifizierung der am besten geeigneten sich bewerbenden Person dienen (Kauffeld, 2019, S. 140). Im Rahmen der Personalauswahl wird davon ausgegangen, dass unterschiedliche Personen die gleiche Tätigkeit mit unterschiedlichem Erfolg ausüben (Weinert, 2004, S. 299). Unabhängig von der Art des Verfahrens muss das Personalauswahlverfahren die drei Hauptgütekriterien *Objektivität, Reliabilität* und *Validität* erfüllen (Kauffeld, 2019, S. 148). Die o.g. sechs Persönlichkeitsdimensionen sind im HEXACO Personality Inventory-Revised (HEXACO-PI-R), das als Instrument in der Personalauswahl Anwendung findet, abgebildet. Dieses Verfahren wird am häufigsten verwendet und liegt in drei Versionen vor. Die Versionen unterscheiden sich nach Anzahl der Items. Persönlichkeitstests werden in der Personalauswahl eingesetzt, um ein tieferes Verständnis hinsichtlich bestimmter Persönlichkeitsmerkmale der Bewerber zu erhalten. Sie sind von enormer Wichtigkeit, da bestimmte Persönlichkeiten nicht gut zusammenarbeiten können. Vor diesem Hintergrund ist es von großer Bedeutung, sich auf die schwer veränderbaren Persönlichkeitsmerkmale zu konzentrieren und zu prüfen, inwiefern die Persönlichkeit des Bewerbers zum Team passt (Lorenz & Rohrschneider, 2015, S.119).

3.3 Relevante Eigenschaften für die Auswahl von Professor*innen

Ehrlichkeit

Die Tätigkeit von Professor*innen umfasst nicht nur die Wissensvermittlung, sondern auch die Verantwortung für das Betreuen und Bewerten ihrer Studenten. Daher ist es unerlässlich, dass die lehrende Person ehrlich ist. *Aufrichtigkeit* im Sinne einer gerechten Haltung gegenüber Studenten und Kollegen und *Fairness* bezüglich der Bewertung. Da die Bewertung entscheidend hinsichtlich des

Werdegangs einer Person ist. Deshalb ist es wichtig, dass Professor*innen sich ihrer Verantwortung bewusst sind und demnach aufrichtig und fair handeln. Der eingenommene Gerechtigkeitssinn und die ehrliche Haltung haben zudem Einfluss auf alle interpersonellen Beziehungen, welche in der Berufswelt gepflegt werden. Personen mit niedrigeren Werten können anfälliger für Bestechungen und Korruptionen sein (Schaumlöffel et al., 2018, S. 74).

Verträglichkeit

Für die Auswahl von Professor*innen spielt die soziale Komponente eine fundamentale Rolle. Denn neben der erforderlichen Fachkompetenz, sollten Professor*innen *Verträglichkeit* aufweisen. Die Betreuung von Promotionskandidaten, Leitung von Fachbereichen, Zusammenarbeit mit Kollegen erfordern eine verträgliche Persönlichkeit. Die relevanteste Facette hierbei ist *Geduld*. Professor*innen sollten die Fähigkeit besitzen, in herausfordernden Situationen ihre Emotionen gut unter Kontrolle zu haben (Schaumlöffel et al., 2018, S. 75). Dies kann z.B. im Hörsaal der Fall sein, wenn Unklarheiten seitens der Studenten vorliegen, sollten Professor*innen ihnen gegenüber Geduld aufbringen können.

Extraversion

Das Konstrukt der *Extraversion* ist von besonderer Wichtigkeit, da die Werte maßgeblich für solch eine Position sind. Extravertierte Personen weisen in zwischenmenschlichen Beziehungen *soziales Selbstvertrauen* auf und können leichter Initiativen ergreifen. Auch die Facette *soziale Kühnheit* ist signifikant, denn sie beschreibt den Mut die eigene Stimme einzusetzen. Es ist wichtig, dass Professor*innen sich in fachlichen Diskussionen einbringen können und auch vor größerem Publikum sprechen können. Auch die Facette *Lebhaftigkeit* ist elementar, da sie die Dynamik und die Energie der Professor*innen vor Augen führt, die sich wiederum in der ausgeübten Tätigkeit widerspiegelt. Professor*innen sollten ein enthusiastisches Auftreten besitzen, da dies für die Aufmerksamkeit und den Wissenstransfer der Zuhörer prinzipiell ausschlaggebend ist (Schaumlöffel et al., 2018, S. 75). Ashton und Lee definieren Personen mit extravertierter Persönlichkeit, als kontaktfreudige, gesprächige, aufgeschlossene und aktive Menschen (Ashton & Lee, 2007, S. 154).

Gewissenhaftigkeit

Zu dem Haupttätigkeitsprofil von Professor*innen zählt das Strukturieren, Organisieren, Forschen und Lehren – demzufolge sollte die Facette *Organisiertheit* vorhanden sein. Auch die Facette *Fleiß* sollten Professor*innen aufweisen können, da Professor*innen sich z.B. neben der Forschung, auch auf die Lehrstunden vorbereiten müssen. Sie sollten also ein hohes Maß an Disziplin, welcher mit Fleiß einhergeht, mitbringen, um ihren Anforderungen und Verpflichtungen als Professor*innen gerecht werden zu können. Die Facette *Perfektionismus* ist grundlegend für diesen Beruf, da die Lehrmaterialien, das vorgetragene Wissen und die Forschungsarbeiten keine Fehler aufweisen sollten. In einer derart verantwortungsvollen Position ist eine gewissenhafte Persönlichkeit essentiell (Schaumlöffel et al., 2018, S. 75).

Offenheit

Auch die Persönlichkeitsdimension *Offenheit* ist bei der Auswahl von Bedeutung. Denn Professor*innen sollten die Fähigkeit besitzen für Problemsituationen Alternativlösungen zu finden. Lösungskompetenz ist somit ein wichtiger Bestandteil des Anforderungsprofils, da der Wissenstransfer trotz Problemsituation garantiert werden sollte. *Kreativität* und *Unkonventionalität* sorgen für Dynamik und innovative Möglichkeiten z.B. bei der Gestaltung der Lehrstunde. Professor*innen sollten zudem ein breites Spektrum an Wissen aufweisen können. Die Facette *Wissbegierigkeit* beschreibt das Interesse und misst den Grad der Neugierde an neuem Wissen, welcher für diese Position bedeutend ist, da Professor*innen z.B. während ihrer Lehrstunden mit verschiedenerlei Fragen bezüglich eines Themas konfrontiert werden können (Schaumlöffel et al., 2018, S. 76).

Literaturverzeichnis

APA (2018), Diagnostisches und statisches Manual Psychischer Störungen-DSM-5, 2. Auflage, Göttingen.

Aronson, E./Wilson, T., D./ Akert, R. (2008), Sozialpsychologie, 6. Auflage, München.

Asendorpf, J. (2019), Persönlichkeitspsychologie für Bachelor, 4. Auflage, Berlin.

Asendorpf, J./Neyer F. (2018), Psychologie der Persönlichkeit, 6. Auflage, Berlin.

Ashton, M., C./ Lee, K. (2007), Empirical, Theoretical, and Practical Advantages of the HEXACO Model of Personality Structure, Society for Personality and Social Psychology, Nr. 2, S. 150-166.

Assen, C. (2016), Crash- Kurs Psychologie, 1. Auflage, Berlin.

Assen, C. (2019), Crash- Kurs Psychologie, 1. Auflage, Berlin.

Bannik, F. (2012), Praxis der positiven Psychologie, 1. Auflage, Göttingen.

Barysch, K., N. (2016), Selbstwirksamkeit. In: Frey, D. (Hrsg.), Psychologie der Werte, Von Achtsamkeit bis Zivilcourage - Basiswissen aus Psychologie und Philosophie, Heidelberg, S. 201-209.

Becker, B. (2014), Praxisfelder der Differentiellen und Persönlichkeitspsychologie, 1. Auflage, Studienbrief der SRH Fernhochschule, Riedlingen.

Brandstätter, V./Schüler, J./Puca, R.M./Lozo, L. (2018), Motivation und Emotion: Allgemeine Psychologie für Bachelor, 2. Auflage, Berlin.

Cal, Y. (2012), Persönlichkeitsstörungen. In: M. Berking & W. Rief (Eds.), Klinische Psychologie und Psychotherapie für Bachelor (S. 163–172), Berlin.

Caspar, F., Pjanic, I., & Westermann, S. (2018), Klinische Psychologie. In: F. Caspar, I. Pjanic, & S. Westermann (Eds.), Klinische Psychologie (S. 1–13), Wiesbaden.

Döring, N./ Bortz J. (2016), Forschungsmethoden und Evaluation in den Sozial- und Humanwissenschaften, 5. Auflage, Heidelberg.

Faller, G. (2017), Lehrbuch Betriebliche Gesundheitsförderung, 3. Auflage, Bern.

Faltermaier, T. (2005), Gesundheitspsychologie, 1. Auflage, Stuttgart.

Fida, R./Paciello, M./ Tramontano, C./ Barbaranelli, C./ Farnese, M. L. (2015), „Yes I can": The protective role of personal self- efficacy in hindering counterproductive work behavior under stressful conditions. Anxiety, Stress, & Coping, Nr, 28(5), S. 479-499.

Fiedler, P. (2001), Persönlichkeitsstörungen, 5. Auflage, Weinheim.

Goldenstein, J./ Hunoldt, M./ Walgenbach P. (2018), Wissenschaftliche(s) Arbeiten in den Wirtschaftswissenschaften – Themenfindung- Recherche- Konzeption- Methodik- Argumentation, 1. Auflage, Wiesbaden.

Häfner, A./ Pinneker, L./ Hartmann- Pinneker, J. (2019), Gesunde Führung- Gesundheit, Motivation und Leistung fördern, 1. Auflage, Berlin.

Hossiep, R./Mühlhaus, O. (2005), Personalauswahl und -entwicklung mit Persönlichkeitstests, 1. Auflage, Göttingen.

Hoyer, J./ Wittchen, H., U. (2011), Klinische Psychologie & Psychotherapie, 2 Auflage, Berlin.

Kauffeld, S. (2019), Arbeits-, Organisations- und Personalpsychologie für Bachelor, 3. Auflage, Berlin.

Kraus, R./ Kreitenweis T. (2020), Führung messen, 1. Auflage, Berlin.

Kröber, H. (2008), Narzissmus, Forensische Psychiatrie, Psychologie, Kriminologie, Nr. 4., S. 271.

Lorenz, M./ Rohrschneider, U. (2015), Erfolgreiche Personalauswahl- sicher, schnell und durchdacht, 2. Auflage, Berlin.

Maltby, J., Day, L., & Macaskill, A. (2011). Differentielle Psychologie, Persönlichkeit und Intelligenz (2., aktualisierte Aufl.). Psychologie. München: Pearson Studium.

Moosbrugger, H./ Kelava A. (2012), Testtheorie und Fragebogenkonstruktion, 2. Auflage, Berlin.

Moosbrugger, H./ Kelava A. (2020), Testtheorie und Fragebogenkonstruktion, 3. Auflage, Berlin.

Pospeschill, M. (2010), Testtheorie, Testkonstruktion, Testevaluation, 1. Auflage, München.

Rammsayer, T./ Weber, H. (2016), Differentielle Psychologie- Persönlichkeitstheorien, 2. Auflage, Göttingen.

Rauthmann, J. (2017), Persönlichkeitspsychologie: Paradigmen - Strömungen – Theorien, Berlin.

Rief, W., & Stenzel, N. (2012). Diagnostik und Klassifikation. In M. Berking & W. Rief (Eds.), Springer-Lehrbuch. Klinische Psychologie und Psychotherapie für Bachelor (pp. 9–17). Berlin, Heidelberg: Springer Berlin Heidelberg. https://doi.org/10.1007/978-3-642-16974-8_2

Röhner, J./ Schütz, A. (2012), Psychologie der Kommunikation, Berlin.

Schaumlöffel, L./ Hübner, R./ Thiel, S./ Stulle, K. P. (2018), Du bist, was du sprichst, Validierung der Sprachanalysetechnologie PRECIRE ® anhand der HEXACO®- Persönlichkeitsmodells. In: Stulle, K.P. (Hrsg.), Psychologische Diagnostik durch Sprachanalyse- Validierung der PRECIRE ®- Technologie für die Personalarbeit, 1. Auflage, Wiesbaden, S. 57-159.

Schmidt-Atzert, L./ Amelang, M. (2012), Psychologische Diagnostik, 5. Auflage, Berlin.

Schwarzer, R./ Jerusalem, M./ Weber, H. (2002), Gesundheitspsychologie von A bis Z- Ein Handwörterbuch, 1. Auflage, Göttingen.

Struhs-Wehr, K. (2017), Betriebliches Gesundheitsmanagement und Führung- Gesundheits- orientierte Führung als Erfolgsfaktor im BGM, 1. Auflage, Wiesbaden.

Urhahne, D./ Dresel, M./ Fischer, F. (2019), Psychologie für den Lehrberuf, 1. Auflage, Berlin.

Vater, A./ Roepke, S./ Ritter, K./ Lammers, C. (2013), Narzisstische Persönlichkeitsstörung- Forschung, Diagnose und Psychotherapie, Psychotherapeut, Nr.6, S. 599-611.

Vollmann, M./ Weber, H. (2011), Gesundheitspsychologie. In: Schütz, A., Psychologie. Eine Einführung in ihre Grundlagen und Anwendungsfelder, 4. Auflage, Stuttgart, S. 395-396.

Weber, H. (2005), Handbuch der Persönlichkeitspsychologie und Differentiellen Psychologie, 1. Auflage, Göttingen.

Weinert, A.B. (2004), Organisations- und Personalpsychologie, 5. Auflage, Weinheim.

World Health Organization (2020), Basic Documents, 49. Auflage, Geneva.

Zok, K. (2011), Führungsverhalten und Auswirkungen auf die Gesundheit der Mitarbeiter- Analyse von Wido-Mitarbeiterbefragungen, In: Badura, B./ Ducki, A./ Schröder, H./ Klose, J./ Macco, K. (Hrsg.), Fehlzeiten- Report 2011- Führung und Gesundheit- Zahlen, Daten, Analysen aus allen Bereichen der Wirtschaft, Heidelberg.